Krimi-Kurzgeschichten

Der Barbier von Neukölln

Weiße Weste

Urlaub mit Hindernissen

Leichen im Keller

Luzie Pan

Impressum

Krimi-Kurzgeschichten:
Der Barbier von Neukölln
Weiße Weste
Urlaub mit Hindernissen
Leichen im Keller

Ann-Luzie Pan
c/o Papyrus Autoren-Club
R.O.M. Logicware GmbH
Pettenkoferstr. 16-18
10247 Berlin
Kontakt: luziepan@gmx.de
Druck/Vertrieb: Bookmundo
1. Print-Auflage 2020

Bibliografische Information der Deutschen Nationalbibliothek:
Die Deutsche Nationalbibliothek verzeichnet diese Publikation in der Deutschen Nationalbibliografie; detaillierte bibliografische Daten sind im Internet über dnb.de abrufbar.

Inhaltsverzeichnis

Krimi-Kurzgeschichten

Der Barbier von Neukölln

Weiße Weste

Urlaub mit Hindernissen

Leichen im Keller

Luzie Pan

Danksagung

Mein herzlichster Dank gilt allen meinen zahlreichen Blogaufrufenden aus der ganzen Welt, treuen Fans, meinen Blog-lesenden und meinen Follower meines Blogs: https://luziepan.wordpress.com, auf Twitter, Instagram, LinkedIN, Tumblr und meinen Facebook-FreundInnen, danke für alle votes, likes und jedes retweeten. Außerdem geht mein großer Dank an meine KommentatorInnen meiner Leseproben und Kurzgeschichten und meiner Blogs, meinen Rezensenten, meinen Lektorinnen und Lektoren und allen Menschen, die mich bei der Entstehung, Entwicklung und Neubearbeitung meiner Geschichten unterstützt und inspiriert haben.

Krimi-Kurzgeschichten

Krimi-Kurzgeschichten

Der Barbier von Neukölln

Weiße Weste

Urlaub mit Hindernissen

Leichen im Keller

Der Barbier von Neukölln

Krimi-Kurzgeschichte

Kurzgeschichten
Krimi
Der Barbier
von Neukölln
Luzie Pan

Widmung

Für die in Istanbul Ermordeten:
Den Homosexuellen Ahmet Yildiz (gestorben am 15.07.08) und die Transsexuelle Ebru Soykan (gestorben am 10.03.09) und für alle Homo-, Trans- oder Inter-Sexuelle, die in unserer Gesellschaft immer noch diskriminiert werden.

Vorwort

Kommentar von Arno von Rosen (Thriller-Autor):

„Geht es um Liebe, Familienbande, Traditionen, oder einen ganz normalen Mord? Wer es herausfinden will, sollte die Kurzgeschichte von Luzie Pan lesen, die sie im bunten Treiben des Berliner Bezirkes Neukölln angesiedelt hat. Wieder lässt die Autorin ihre feine Beobachtungsgabe in die Figuren der Geschichte einfließen. Sind Klischees dabei? Sicherlich, denn das bleibt an so einem Handlungsort zwangsläufig nicht aus, denn in jedem guten Klischee steckt auch immer ein Körnchen Wahrheit, und manchmal besteht dieses Körnchen eben aus Blei."

Kommentar von Daniel Mattes (Thriller-Autor):

„"Geht es um Liebe, Familienbande, Traditionen, oder einen ganz normalen Mord? Wer es herausfinden will, sollte die Kurzgeschichte von Luzie Pan lesen". Das sollte man wirklich! Luzie Pan lässt in ihrem Kurzkrimi spannende Charaktere im Schmelztiegel von Neukölln aufeinander treffen. Die Autorin lässt großes schriftstellerisches Potential erkennen und macht auch von schwierigen Themen nicht halt. Ihre Geschichten, Figuren und Themen haben eine große Bühne verdient, ich würde mich freuen irgendwann einen großen Roman der Autorin lesen zu dürfen. Zusammenfassend: Uneingeschränkte Kaufempfehlung und beste Bewertung."

Kommentar eines Redakteurs, Texters und Journalisten:

„Der Krimi spielt in Neukölln. Die Tür stand auf und ein leichter Herbstwind zog durch den Laden und Neukölln. Ein schöner Satz … In die Geschichte hast du einiges an Konfliktpotenzial reingebracht. Und beleuchtest es auch mal von einer weniger bekannten Seite: Zwangsehe aus Sicht des Mannes, Homosexualität im Migranten-Milieu, Existenzkampf eines Frisörs und Ehrenmord."

Zitat

„Richtet nicht, damit ihr nicht gerichtet werdet!"

(Mt 7,1 (NT))

Der Barbier von Neukölln

Kerim blieb plötzlich stehen, klatschte sich mit der Hand auf die Stirn und machte kehrt. Um neun Uhr war er mit Andrea in der Homo-Bar „Sintonia" verabredet, er musste sich beeilen.

Jetzt trippelte er die sechs Stufen zu seinem Salon, dessen Schild „Barbier Kerim" über der Türe halb abgeschraubt an wenigen Kabeln hing, hinauf. Als er eintrat, hörte er ein Geräusch und sah eine Gestalt in den Laden huschen. Woher kam sie? Hatte er sich getäuscht? Er schaltete das Licht an. Die Dunkelheit dauerte an. Kein Strom. Totenstille. Auf einmal knallten drei Schüsse. Kerim taumelte. Er sank langsam in die Knie und kippte zur Seite. Blut lief im aus seinem Mund. Das Mobiltelefon glitt ihm aus der Hand.

Der neue Mieter, ein arabischer Handyladenbetreiber, fand ihn am nächsten Tag auf dem Boden liegen, als er die Schlüssel von ihm in Empfang nehmen wollte.

Kriminalhauptkommissar Haslinger schlurfte zur Tür herein. Er musste extra seinen Italienurlaub unterbrechen, um hier aufzukreuzen. Es war sein erster Urlaub nach der Scheidung. Während er sich dem Toten näherte, parkte der Rettungsdienst mit lautem Autoreifenquietschen auf dem Bordstein. Haslinger lief umständlich um den Ermordeten herum, denn er hatte sich in der Hektik den

Knöchel verstaucht, und stolperte dabei fast über ein Handy.

Da balancierten die Sanitäter eine Krankenbahre in den Laden und stellten sie geräuschvoll neben dem Toten ab.

Einige Zeit vorher.

„Ja gut, wir sehen uns heute nach Ladenschluss", flüsterte Kerim, während sein Bruder Oktay zum Waschbecken schlich.

Schnell klappte Kerim das Nokia zu und ließ es in seine Gesäßtasche gleiten. Der Rasierschaum war eingezogen. Er setzte die Klinge unter den Backenbart seines Kunden an und spannte dabei die Haut darunter mit der anderen Hand. Eine braune lockige Haarsträhne fiel ihm ins Gesicht. Er blies sie weg. Im Hintergrund dudelte türkische Popmusik. Die Tür stand auf und ein leichter Herbstwind gespickt mit süßlichem Shisha-Pfeifen-Duft, aus der Shisha-Bar nebenan, zog durch den Laden und die Straßen von Neukölln.

Nach einer Weile kamen eine schwarz verschleierte Frau und ein älterer Mann herein. Es war seine Mutter Nilgün, die sich türkischen Tee nahm, auf einen freien Frisierstuhl setzte und Kerim beobachtete. Sein Vater Ahmed stand neben ihr.

„Heute Abend kommen Onkel Mustafa, Tante Seyran und deine Cousine Sibel zum Essen. Du wirst sie heiraten!", kommandierte Nilgün und setzte die Tasse an ihren Mund.

Kerim schaute kurz auf, nickte beklommen und klatschte Kölnischwasser auf die Wangen seines Kunden.

„Gut so?", lächelte er dem Klienten im Spiegel zu.

„Und mach den Laden morgen zu!", rief ihm seine Mutter, während sie sich erhob, das Gläschen halb voll stehen ließ und mit Ahmet aus dem Laden stolzierte, hinterher.

Er sollte seine Cousine heiraten? Er hatte momentan andere Probleme, denn er fühlte sich seit einiger Zeit in seiner Existenz bedroht.

Neben ihm hatte ein Barbierladen mit mehreren Angestellten eröffnet, der ihm alle die Kunden wegschnappte, die er sich mühevoll erworben hatte. Es war sein einstmaliger bester Freund Cem. Sie hatten gemeinsam die Ausbildung gemacht, zusammengearbeitet, sich aber im Streit getrennt.

Anfänglich tat er so, als ob ihn das nicht störte. Aber es folgten Verleumdungen, die Cem unter seinen Kunden verbreitete. Bis Kerim beschloss, seinen Salon nach Charlottenburg zu verlegen.

Bei seinem Freund Andrea, einem italienischen Modedesigner, wollte er sich Geld leihen und damit den neuen Laden kaufen. Er bangte um seinen Ruf als Geschäftsmann. In Charlottenburg hoffte er auf einen Neuanfang, weit weg von Cem.

Dort „teilte" ein Mafiaclan gerade unter seinen Leuten Immobilien „auf". Er plante eine neue Pizzeria mit Salumeria (italienischem Feinkostladen). Dabei wollte der Clan dieselbe Immobilie wie Kerim für den Laden kaufen und war bereit dafür viel Geld zu zahlen. Denn die Location war für den künftigen Drogenumschlagplatz Nummer eins gut gelegen.

Der Verkäufer des Gebäudes, Herr Bachstein, entschied sich jedoch gegen den Mafiaclan, als Ettore, dessen Mafia-Soldat, ihm sein Kaufangebot unterbreitete. Kerim hatte von der Geldwäsche dieses Kaufbewerbers Wind bekommen. Andrea hatte es zufällig in Erfahrung gebracht und

Kerim gesteckt. Herr Bachstein hatte sich daraufhin für ihn entschieden.

Infolgedessen wollte Ettore Herrn Bachstein erpressen, als er eines Tages in seinem Büro auftauchte. Er schüchterte ihn damit ein, dessen kleine Tochter vom Kindergarten abzuholen, wenn er nicht an ihn verkaufte. Herr Bachstein drohte daraufhin die Polizei zu rufen. Bei dem Wort „Polizei“ schritt Ettore abrupt aus dem Raum, knallte wütend die Türe zu, während er ihm hinterher kläffte:

„Sie hören noch von mir“.

Kerims alter Laden war jetzt neu vermietet und der neue Laden in Charlottenburg sollte bald eröffnet werden. Der letzte Rest seiner Kundschaft hatte sich angekündigt.

Seinen Freund Andrea hatte er vor einiger Zeit in diesem Viertel in der „Sintonia“ kennengelernt. Ihm war klar, was ihm drohen würde, wenn das herauskam. Mit Schaudern dachte er an eine Hochzeit mit seiner Cousine.

Eines Tages sah ihn sein Cousin Hasan händchenhaltend mit Andrea die Straße entlang spazieren, von Kerim unbemerkt.

Kurz darauf schlich Ettore in Kerims Salon. Ettores Auftrag war, diesen Laden zu kaufen, und er hatte Erkundigungen über seinen Mitbewerber eingeholt und wollte ihn bestechen. Sein Mafiaboss saß ihm im Nacken. Aber Kerim lehnte in aller Ruhe ab. Er brauchte dieses Geld nicht. Plötzlich fühlte er Ettores Hand am Kragen und ein Messer an seinem Hals.

„Ich komme morgen wieder, überlege es dir gut, wenn dir dein Leben lieb ist … und das deiner Familie! Kein Wort zur Polizei!“, hörte Kerim ihn in sein Ohr flüstern.

Kerim schlotterten die Knie, als Ettore endlich von ihm abließ und mit lautem Getöse abzog.

Zuerst befragte, Kriminalhauptkommissar Haslinger die „Barbierladenkonkurrenz“ Cem. Wobei er, beim Eintreten in dessen Laden, sein Bein immer leicht hinter sich her zog. Dabei rempelte er aus Versehen einen Mann an, der vor dem Laden rauchte. Drinnen angekommen, winkte er geschäftig Cem herbei. Dieser hatte von nichts etwas gehört oder gesehen, sondern zur Tatzeit zu Hause mit seiner Familie zu Abend gegessen.

„Nur Ärger hat mir das eingebracht. Sie sehen doch! Der Laden ist halbleer. Ein toter Barbier ist schlecht für das Geschäft! Das spricht sich wie ein Lauffeuer herum“, jammerte Cem und schnaufte, aber dann hellte sich plötzlich sein Blick auf.

„Fragen sie doch diese Tunte … mit der hatte er in letzter Zeit oft Streit … es ging wohl um Geld … vielleicht musste Kerim jetzt einen Kredit aufnehmen“, grinste Cem, „oder Andrea war eifersüchtig auf seine Kunden“, rollte er mit den Augen und kassierte nebenbei die Kundschaft ab.

Der Kunde nahm Haslinger beim Hinausgehen beiseite und erzählte ihm im Flüsterton, dass Cem einst bei Kerim gearbeitet hatte, dort rausgeflogen und eine Weile von der Bildfläche verschwunden war. Er hatte sich sehr gewundert, als er wie aus dem Nichts dieses Geschäft genau neben ihm eröffnet hatte. Wie Phönix aus der Asche. Aber ihm war das egal, solange die Leistung und der Preis stimmten.

Der Kommissar nickte dem Kunden bedächtig zu, zog beiläufig, seine plastikbehandschuhte Hand aus seiner Manteltasche, griff in den Aschenbecher vor dem Laden und fischte ein paar eben ausgedrückte Zigarettenstummel heraus. Er stopfte sie in eine Plastiktüte, die er aus der anderen Tasche kramte.

„Man kann ja nie wissen“, raunte er zu sich selbst, verabschiedete sich von dem Mann und zog von dannen.

Am Nachmittag läutete der Kommissar bei Andrea. Dieser öffnete ihm im seidenen Morgenmantel und bot ihm einen Kaffee an, den Haslinger dankend ablehnte. Daraufhin ließ er sich mit seinem humpelnden Bein erleichtert auf einem Stuhl am Küchentisch nieder, den ihm Andrea zuwies.

„Ich hab echt keine Ahnung Herr Kommissar!“, sagte Andrea, kratzte seinen Drei-Tage-Bart und goss sich ein Glas Orangensaft ein.

„Kriminalhauptkommissar, wenn ich bitten darf“, räusperte sich Haslinger.

„Ja dann eben Kriminalhauptkommissar.“

Haslinger schaute ihn abwartend an. Dann setzte er nach:

„Wo waren Sie zur Tatzeit?“

„Ich war in unserer Bar und wartete auf ihn … hatte ihm eine SMS geschickt … kam aber keine Antwort … hätte ich gewusst, dass er in Gefahr …“

Andrea schaute den Kommissar mit seinen haselnussbraunen Augen an, wobei seine Wimpern zitterten und begann an seinem Orangensaft zu schlürfen.

„Sie wollten ihm Geld leihen?“

Andrea schüttelte den Kopf, dabei wirbelten seine schwarzen Locken und sein ausgestreckter Zeigefinger durch die Luft. Er zögerte.

„Jaaa ich wollte … aber ich hab den Zuschlag nicht gekriegt … keinen Zuschlag, keine Knete. Capito?“

Haslinger sah ihn irritiert an und bohrte: „Den Zuschlag für was?“

„Na für die Kollektion“, brüstete sich Andrea und zupfte ein Staubflöckchen von seinem Morgenmantel.

Haslinger kräuselte die Lippen, schlug die Augen nieder und erhob sich.

„Ok, das werden wir überprüfen. Halten Sie sich bitte zur Verfügung!“

Beim Hinausgehen drehte sich Haslinger nochmals um, wobei sein verstauchter Knöchel eine japanische Porzellan-Vase rammte. Er biss die Zähne zusammen und hielt kurz die Luft an. Daraufhin stellte Andrea unbeteiligt die Orangensaftflasche in den Kühlschrank, als ob, ihn das alles gar nichts anginge.

„Ach … hatte Kerim ein Verhältnis mit einem anderen?“, presste Haslinger schließlich hervor.

„Wo denken Sie hin Herr Kommissar!“, erboste sich Andrea, dessen Hände, die wieder das Glas Orangensaft umgriffen, zitterten.

Als Haslinger am folgenden Tag den Hausbesitzer interviewte, atmete dieser tief durch, stützte seinen Kopf in beide Hände und die Ellenbogen auf seinen Schreibtisch, dann drückte er die klimmende Zigarette im Aschenbecher vor ihm aus, nachdem er nochmal hastig daran gezogen hatte, richtete sich auf und schaute Haslinger ernst in die Augen.

„Hätte ich das alles gewusst, hätte ich gar nicht verkauft. Immer nur Scherereien!“, knurrte er und schob Haslinger einen Zettel zu.

„Hier ist die Adresse von seinem Mitbewerber. Er heißt Ettore Scali … dürfte Ihnen das gar nicht geben.“

Haslinger, der sich inzwischen auf einem Stuhl gegenüber des Schreibtisches niedergelassen hatte und versuchte seinen Knöchel in eine schmerzfreie Position zu bringen, schaute ihn verdutzt an.

„Danke, aber warum?“

„Das erzähle ich Ihnen lieber nicht“, keuchte Herr Bachstein und guckte angestrengt auf seinen Computer.

Haslinger griff sich den Zettel, stand schwerfällig auf und wandte sich zur Tür zum Gehen.

„Wie Sie meinen“, warf er ihm zu, während er die Türklinke umgriff.

„Ich kenne keinen Kerim. Wer soll das sein? … Damit habe ich nichts zu tun“, kläffte Ettore, als unvermittelt der Kommissar vor ihm stand.

„Ich bin neu hier, ich kenne niemanden. Ich bin ein ehrbarer Bürger und zahle meine Steuern!“, keifte er und schlug ihm die Tür vor der Nase zu, bevor Haslinger nur ein Wort hervorbringen konnte.

Auf dem Polizeipräsidium kam Haslinger nach einer Internet-Kurz-Recherche bei Interpol zu erstaunlichen Erkenntnissen. Alles war gelogen. Ettore Scali wurde von der italienischen Polizei gesucht. Da Haslinger aber nichts gegen ihn in der Hand hatte, galt für ihn die Unschuldsvermutung. Hierfür war leider die italienische Polizei zuständig. Dumm gelaufen.

„Schöne Scheiße“, schnaufte Haslinger und nahm seinen Mantel erneut vom Kleiderhaken.

„Jetzt knöpfe ich mir mal die ganze Bande vor.“

Kerims Familie reagierte reserviert und betroffen. Sie waren stolz auf ihren Sohn gewesen, der sich aus eigener Kraft einen Laden aufgebaut hatte. Später hatte er sogar seinem Bruder Oktay damit Arbeit verschafft. Er war ein guter Junge und sollte bald seine Cousine Sibel in der Türkei heiraten. Deswegen hatten sie seinen Cousin Hasan aus der Türkei geholt, der den Laden übernehmen sollte. Mit geschwollener Brust zeigten sie ihm ein gerahmtes Foto von Hasan und Kerim, welches sie neben dem kleinen bauchigen Teetässchen positionierten, das sie für Haslinger auf dem Couchtisch abgestellt hatten.

Haslinger zog die Augenbrauen hoch und betrachtete das Bild eingehend. Diesen Mann hatte er schon einmal gesehen.

„Kann ich das haben?", stieß er sofort hervor, während er das Foto noch genauer betrachtete.

Nilgün überreichte ihm das Bildnis während sie zustimmend den Kopf senkte.

„Vielen Dank und auch für den Tee. Halten Sie sich bitte zur Verfügung. Wiedersehen", verabschiedete sich der Kommissar mit einem Nicken und erhob sich langsam.

Herr Haslinger tappte weiter im Dunkeln. Es gab zwar mögliche Motive, aber er hatte keinerlei stichhaltige Beweise. Keine Tatwaffe. Keine Zeugen.

Am nächsten Tag lud ihn der Staatsanwalt vor. Er wollte den Fall abschließen. Er schadete seiner Karriere, denn er wollte für die Bürgermeisterwahl kandidieren. Das dauerte alles zu lange. Haslinger bekam zwei Tage. Dann musste der Fall gelöst sein, sonst entzog der Staatsanwalt ihm den Fall und Haslinger musste auf eine Profiler-Schulung.

„Oder wollen Sie nach Bayern strafversetzt werden? Sie können es sich aussuchen", bot ihm der Staatsanwalt gönnerhaft an.

Der Kommissar wurde immer nervöser. Er suchte krampfhaft nach Hinweisen. In der Folge beschlagnahmte er Kerims Computer, die gesamte Buchhaltung und checkte nochmal dessen Handy. Das letzte Telefonat, das darauf gespeichert war, zeigte Andreas Anschluss. Keine SMS! Ein Anruf! Kurz vor seinem Tod.

Der Kommissar ging zur Bar. Dort sagte man ihm, dass Andrea an diesem Abend gar nicht da war. Auf dem Rückweg traf er auf Hasan, als dieser Richtung Rotlichtviertel schlenderte. Er erkannte ihn sofort. Das war der Mann, den er auf dem Foto von Kerims Eltern gesehen hatte.

„Ich nichts wissen, neu in Deutschland", stotterte dieser auf die Ansprache des Kommissars und machte Anstalten zu türmen.

Haslinger versperrte ihm reflexartig den Weg. Eine Heldentat, die ihm sein Knöchel mit einem Jaulen dankte.

Auf der Wache befragte er den jungen Mann, dessen Identität sich als Hasan bestätigte, nach seiner Beziehung zu seinem Cousin Kerim, aber dieser machte sich nur lustig über diesen. Er wäre gar kein richtiger Mann, sondern ein Weichei gewesen. Er hätte seine Schwester gar nicht verdient. Aber nun war alles geklärt. Oktay werde seine Schwester heiraten.

„Oktay?", murmelte Haslinger und runzelte die Stirn, dabei fiel sein Blick auf den Kalender an der Wand seines Büros.

Einen Tag noch, dann musste der Fall gelöst sein. Aber er verstand nur Bahnhof.

Als er Hasan entließ, rief ihn seine Freundin Giulietta aus Italien an.

„Wann kommst du endlich wieder?“, hörte er sie jammern, nachdem sie ihm lautstark eine längere Litanei gehalten hatte.

„Keine Ahnung!“, schnaufte er, als er endlich zu Wort kam, „hör mir auf! ... Fang nicht du auch noch an!“, fuhr er sie an.

Als er nichts mehr hörte, schob er verzweifelt, „hallo ... hallo bist du noch dran?“, nach; aber Giulietta hatte bereits aufgelegt.

Wütend knallte er das Handy auf den Tisch. Das hatte ihm noch gefehlt. Das die auch noch herum zickte. War das alles seine Schuld?

Als er das Polizeirevier verlassen wollte, klingelte das Telefon. Ein Kunde von Kerim hatte von dem Zeugenaufruf erfahren und wollte vorbeikommen.

„Ich weiß nicht, ob Sie das interessiert, aber die beiden Brüder haben oft gestritten. Einmal hatte Oktay sogar mit Mord gedroht ... aber ich habe das alles nicht ernst genommen.“

„Wissen Sie, in solche Familienstreitigkeiten mischt man sich besser nicht ein. Man versteht die Gepflogenheiten dieser post-osmanischen Kultur ja nicht, ... aber bei meiner letzten Rasur war Oktay recht hitzig gewesen. Und wissen Sie, der hatte sogar einen Waffenschein!“, feixte der Kunde, setzte sich daraufhin auf, schaute den Kommissar ernst an und prustete dann los.

„Na solange, er mich nicht aus Versehen mit seiner Rasierklinge abmurkst“, grölte er weiter und schlug sich auf die Schenkel.

„Vielen Dank, Sie haben mir sehr geholfen!“

Als der Zeuge sein Büro verließ, nahm Haslinger sofort den Telefonhörer ab und wählte. Das reichte für einen Hausdurchsuchungsbefehl.

Als der Durchsuchungstrupp am nächsten Tag, die Wohnung von Kerims Familie auf den Kopf stellte und nichts fand, hatte der Kommissar endgültig genug und brüllte los.

„Rücken Sie sofort die Pistole und den Waffenschein heraus!"

Da sah er, wie Ahmed die Wohnung verließ, nach einer Weile mit einem Zettel wieder zurückkam und ihn Haslinger hinhielt.

„Hier, der Waffenschein. Er war Sportschütze."

„Und die Pistole?"

„Wissen wir nicht."

Haslinger riss ihm den Zettel aus der Hand und stürmte aus dem Haus.

Die Zeit war abgelaufen. Er war so nah dran gewesen. Die Profiler-Schulung oder Bayern standen vor der Tür. Wie sollte er das bloß Giulietta beibringen. Eine Strafversetzung. Sie war so stolz auf ihn gewesen. Aber jetzt war eh schon alles egal. Nach dieser Szene.

Er ging ins Polizeipräsidium und sah, im Vorbeigehen in der Asservatenkammer, eine Beretta herumliegen.

„Ach die, die hat die Müllabfuhr abgegeben … hatten sie vergessen", sagte sein Kollege und zog sich einen Espresso aus dem Automaten.

„Warum sagt mir das keiner!", schrie Haslinger, „bin ich Luft?"

Der Beamte drehte die Augen zur Decke.

„Ist nichts dran an der Pistole, haben wir schon überprüft“, schob dieser gelangweilt nach, während er den geleerten Pappbecher in den Mülleimer kickte.

„Das werden wir ja sehen“, grunzte Haslinger. Er bugsierte den Kollegen in sein Büro, holte ein Plastiktütchen mit Zigarettenstummeln aus seiner Manteltasche hervor und knallte es auf den Tisch.

„Hier nochmals prüfen mit dieser DNA und auch das Handy“, zischte er, „aber dalli“.

„Du bist nur leider nicht mehr zuständig“, schnalzte der Polizist mit der Zunge.

Herr Haslinger knallte die Faust auf den Schreibtisch.

„Hier ist Gefahr im Verzug, Mann!“

Am Abend bei der Neueröffnung des Barbiersalons, den jetzt Hasan übernahm, füllte sich Herr Haslinger inkognito ein Sektglas, während sich Hasan und Oktay in Hörweite unterhielten.

„Endlich ist die Ehre der Familie wieder hergestellt!“, brüstete sich Hasan und stieß mit Oktay an.

In dem Moment drehte sich Hasan instinktiv um und schaute Haslinger direkt in die Augen. Dieser prostete ihm zu. Daraufhin nahm er eine Serviette und steckte schnell Oktays geleertes Glas, das dieser auf dem Büfett abgestellt hatte, ein und düste ab.

Am nächsten Tag gab er das Glas der Spurensicherung. Die folgenden Ergebnisse waren eindeutig.

Daraufhin mobilisierte der Kriminalhauptkommissar seine Kollegen und marschierte zum Barbierladen. Dort sahen sie von draußen Cem im Laden stehen. Ein Kollege in Zivil spazierte hinein und setzte sich auf einen freien Frisierstuhl. Hasan und Oktay kamen in diesem Moment aus dem Nebenraum. Haslinger hielt es von weitem nicht mehr aus. Er stürmte mit seinem linken hinkenden Bein in den Laden und hielt beiden die Pistole in einem Plastikbeutel hin.

„Kennen Sie die?"

Hasan und Oktay sahen ihn erschrocken an, schüttelten den Kopf und wollten fliehen, aber ein Kollege kam von hinten und hinderte sie daran. In Sekundenschnelle hatte Haslinger Oktay Handschellen angelegt.

„Ich verhafte Sie hiermit wegen Mordverdachts an Kerim."

„Ich bin unschuldig", kreischte Oktay und trat nach ihm.

„Zwecklos! Ihre Fingerabdrücke sind auf der Pistole".

Danach legte er ebenso Hasan Handfesseln an, der sich strampelnd wehrte.

„Und Sie sind wegen Beihilfe dran! Die DNA Ihrer Zigarettenstummel ist mit denen auf Kerims Handy identisch! … übersehen was?"

Die Kollegen führten sie ab. Oktay bekam eine mehrjährige Gefängnisstrafe wegen Heimtücke und Hasan wegen Beihilfe zum Mord.

„Haslinger, da haben Sie aber nochmal Glück gehabt", gratulierte ihm der Staatsanwalt und überreichte ihm den Urlaubsantrag.

Der Kommissar unterschrieb ihn erneut, klickte auf dem Bildschirm seines Computers herum und schob den Schreibtischstuhl heran.

„Schönen Urlaub und grüßen Sie mir Bella Italia", schnurrte der Staatsanwalt, als sich Haslinger zum Gehen wandte, um noch mitleidig „und kurieren Sie ihr Bein", hinterher zu schieben.

Daraufhin machte der Kommissar nochmal kehrt und nickte zu seinem Computer, wo ein italienischer Steckbrief zu sehen war.

„Nur so ein Tipp. Fühlen Sie mal diesem Ettore Scali auf den Zahn. Ich habe das Gefühl, der hat hier auch was am Laufen mit Herrn Bachstein. Erpressung oder so.“

Weiße Weste

Krimi-Kurzgeschichte

Kurzgeschichten
Krimi
Weiße Weste
Luzie Pan
©LuziePan

Widmung

Für Tugce Albayrak (gestorben am 28.11.14) für ihre Zivilcourage, für die sie erschlagen worden ist und für alle Mafia-Opfer.

Vorwort

Kommentar von Arno von Rosen (Thriller-Autor):

„Offensichtlich bin ich ein Anhänger der Kurzgeschichten von Luzie Pan, aber es ist nicht notwendig, da bei „Weiße Weste" wiederum das Talent der genauen Beschreibung zu Tage tritt. So befindet sich der Leser bereits nach wenigen Sätzen mitten im Geschehen, und kann es kaum erwarten, den Fortgang der Story zu erfahren. Wieder schafft es die Autorin die Charaktere der Handlung präzise zu beschreiben, lässt aber genug Spielraum, um eine eigene Version der Geschichte im Kopf laufen zu lassen. Es wird auf langatmige Zwischensätze ebenso verzichtet, wie auf den Hinweis auf viele Klischees, die sich zwar anbieten würden, aber für die Spannung nicht wichtig sind. Kurzum, es ist ein Lesevergnügen."

Kommentar von Daniel Mattes (Thriller-Autor):

„Die junge Autorin Luzie Pan erhebt ihre Kurzkrimis zur Kunstform. Reduziert auf das Wesentliche und ohne unnötige Ausschmückungen erzählt sie ihre Geschichten. Die Reduktion auf das absolut Notwendige lässt dem Leser viel Raum für eigene Gedanken und Interpretationen. Für mich stellt „Weiße Weste" ein absolut gelungenes Erzähl- und Krimi-Experiment dar. Meine Empfehlung wäre, die Geschichte noch etwas auszubauen um der Handlung und den Charakteren noch ein wenig mehr Raum zur Entfaltung einzuräumen. Fazit: Großes Potential und absolute Leseempfehlung."

Bewertung meines Lektoren:

„Sie haben sich als Ermittler für den Sizilianer Antonio entschieden, der weil ihm die Polizei nicht glaubt, einen Mord aufklären muss. Zudem besteht für ihn die Gefahr, selbst unter Mordverdacht zu geraten. Damit haben Sie von vorne herein für eine ungemein spannende Konfliktsituation gesorgt. Der Drogenhandel trägt außerdem dazu bei. Treffend deshalb auch der Titel „Weiße Weste". Packend dann der Moment der Aufklärung. Es lohnt sich auf jeden Fall, den Stoff weiter auszubauen. Allein die oben erwähnten Handlungsstränge könnten mit plastischen Szenen, fesselnden Dialogen und jede Menge Action einen spannenden Roman abgeben. Das Ambiente als solches beinhaltet ein hohes Spannungspotential."

Kommentar eines Redakteurs, Texters, Journalisten und Krimi-Autors:

„Am besten sind dir die Atmosphäre und die Lebensläufe der Figuren gelungen. Vor allem von Ayse, die Tragödie von Aylin, die Träume und die Loyalität von Antonio. Da würde ich gerne noch mehr erfahren. Ich hatte auch das Gefühl, das dort deine eigentlichen Themen liegen, die dann den Grundstoff für einen Krimi bilden (können). Sehr schön hingegen finde ich das Drama, das dahinter steckt, die teils aufwühlenden, tragischen Lebensläufe. Ebenso die winterlich-düstere Atmosphäre kommt viel besser rüber, als bei dem „Barbier". Und sie gibt auch den passenden Rahmen für die am Mordfall desinteressierten Polizeibeamten, korrupt und drogensüchtig sind sie weit weg vom Freund-und-Helfer-Image. Diese düsteren Kreise ziehen sich dann bis zum Anwalt und damit in den Justizapparat selbst. Und am Ende stehen die Gangster mit beinahe weißer Weste da. Das ist herrlich deprimierend. Zum Glück kommt das eigentliche Opfer Aylin frei. Wenigstens ein Stück Gerechtigkeit. Diesen Strang der Story fand ich viel spannender als die eigentliche Krimihandlung. Das bewegt mich als Leser, lässt mich mitleiden und mitfühlen. Unbedingt ausbauen!"

Zitat

„Entweder: Der Baum ist gut –

dann sind auch seine Früchte gut.

Oder: der Baum ist schlecht –

dann sind auch seine Früchte schlecht.

An den Früchten also erkennt man den Baum.

Ihr Schlangenbrut, wie könnt ihr Gutes reden,

wenn ihr böse seid?

Denn wovon das Herz voll ist,

davon spricht der Mund."

(Mt 12,33-34 (NT))

Weiße Weste

Die Sanitäter trugen eine Krankenbahre die Kellertreppe eines türkischen Ladens hinunter. Dort suchte eine immer großflächiger werdende Blutlache ihren Weg auf dem Fertigbeton, bis sie schließlich versank. Es stank nach Schweiß. Währenddessen graute der Wintermorgen über Erfurts Altstadt. Es hatte aufgehört zu regnen und der geschmolzene Schnee verwandelte sich in schlammigen Matsch, den die Schneeräumfuhrwerke mit lautem Gedröhne bearbeiteten.

Die Spurensicherung fotografierte den leblos auf dem Boden liegenden Mann aus allen Winkeln. Aus seinem zur Seite gedrehtem Antlitz klafften Schürfwunden und auf dem Kopf eine riesige Platzwunde.

„Also wir haben 10.000 Euro in seiner Hosentasche gefunden!“, sagte der Spurensicherer mit ausdruckslosem Gesicht zum Kommissar, der inzwischen eingetroffen war.

Der Spurensicherer schob sich mit dem Ärmel die Brille hoch und schnaubte, „keine Tatwaffe … bis jetzt.“

Die Turmglocke schlug Punkt acht Uhr. Hunde bellten in der Ferne.

„Ich habe jetzt Feierabend!“

Er streifte seine Handschuhe ab, zog die weiße Montur aus und verließ das Ladengeschäft. Der Kommissar starrte ihm entgeistert hinterher.

Zwei Stunden vorher war der Sizilianer Antonio im Laden vorbei gekommen, um das Geld, das ihm Ahmet wie verabredet für seine Restauranteröffnung leihen wollte, abzuholen.

Nachdem er Ahmet im Laden gesucht hatte, fand er ihn auf dem Kellerboden. Bei seinem Anblick wurde er leichenblass, denn er sah wie frisches Blut aus seinem Kopf auf den Boden tropfte. Nach einem tiefen Seufzer rief er die Sanitäter und die Polizei an. Bis endlich der gesamte Trub angetrabt kam, hatte Antonio an die Hauswand gelehnt eine halbe Packung Zigaretten aufgeraucht. Er qualmte die letzte Kippe vor sich hin und tippelte auf und ab, als er sah, wie die Mannschaft mit quietschenden Reifen nacheinander vor ihm anhielten und den Laden betraten.

„Eine Arbeitsauffassung ist das!", schüttelte er den Kopf und schnippte die Kippe weg.

Inzwischen war Ahmet verblutet. Die Sanitäter hätten ihn womöglich noch retten können. Antonio schnaufte und dachte an einen Freund, der auch so gestorben war, und dessen Mörder nie gefunden wurde. Es schauderte ihn.

Der Regen fing wieder an und die Räumfahrzeuge zogen von dannen; sie hatten den Kampf aufgegeben.

Antonios Freundin Aylin, eine Rechtsanwältin, die er bald heiraten wollte, hatte ihn gegenüber vom Gemüsehändler aus in Ahmets Laden gesehen. Jetzt kam sie hastig herüber gelaufen.

Als der Verblutete auf einer Bahre in den Sanitäter geschoben wurde, traf Antonio ihr entsetzter fragender Blick. Antonio starrte jedoch fassungslos dem Rettungswagen hinterher.

Als die Spurensicherung längst ab gedüst war, baute sich der Kriminalkommissar breitbeinig und mit durchgestreckter Brust vor Antonio auf und stellte „Standard-Fragen". Antonio hatte den Ermordeten gefunden, somit war er verdächtig.

Regen tropfte von der Dachrinne vor dem Haus. Platsch! Platsch! Platsch!

Langsam schüttelte Antonio den Kopf. Der Kommissar musterte ihn abwartend und strich sich über das Kinn.

Kalte Luft machte sich im Laden breit, denn die Tür stand immer noch sperrangelweit auf.

„Nein, Ahmet hatte keine Feinde … oder doch?", gab Antonio tonlos, mehr zu sich selbst, von sich und stierte vor sich hin. Er schüttelte sich und schaute Haslinger ernst in die Augen.

„Naja, Arturo mein Chef, der nebenan eine Pizzeria hat", er nickte mit dem Kopf nach rechts, „beklagte sich schon ab und zu, aber die Türken sind doch keine Konkurrenz!", lachte er unsicher auf.

Er versuchte ein Lächeln und schüttelte wieder den Kopf.

„Ich verstehe das alles nicht!", schnaubte er.

Als er sah, wie sich nach einem tiefen Atemzug der Kommissar Aylin, die in der Ecke saß und der Tränen über die Wangen kullerten, zu wandte, lief er zu ihr und legte ihr den Arm schützend um die Schultern.

Ein Motor heulte auf, als ein Auto an der Ampel vor dem Laden abfuhr und eine Abgaswolke hinterließ, die in das Geschäft wehte. Der Kommissar hielt kurz inne, zuckte die Schultern und verkündete mit spitzem Mund einem Polizisten, der bereits halb auf dem Bürgersteig stand und Rauchwölkchen in die Luft blies:

„Gehen wir. Hier gab es Stress in der Community, Revierverteidigung, da mischen wir uns lieber nicht ein.“, und verließ schmunzelnd den Laden.

Auf der Straße angekommen, stieß ihn der Polizist in die Seite.

„Vielleicht war es ja Miled, Ahmets Neffe ... hatte wohl Ahmets Tochter schöne Augen gemacht!“

Dabei rollte er mit den Augen und machte einen großen Satz, um mit dem Kommissar Schritt zu halten und nicht in die Matschpfützen zu landen.

Die Polizei war nicht an der Aufklärung interessiert, weil sie kein Aufsehen erregen wollte, deshalb tippte sie offiziell auf Ehrverletzung, verdächtigte pauschal Miled und wollte den Fall einstellen. Ahmet hatte zwar keine Tochter, aber das war der Polizei egal, hier war eh jeder mit jedem verwandt. Mit diesen kulturellen Streitigkeiten konnten sie nichts anfangen. Sie sahen vorzugsweise so lange weg, bis eine Straftat nach deutschem Recht vorlag. Es gab aber noch einen anderen Grund: Sie wurden selbst bestochen.

Unterdessen verließ Antonio mit Aylin das Lebensmittelgeschäft. Da kam Ayse, Aylins Mutter auf sie zu geeilt. Sie war völlig aufgelöst und deutete auf die Polizeiwagen und die Absperrung vor Ahmets Laden hin. Aylin versuchte, sie zu beruhigen.

Als am nächsten Tag, Antonio Arturos Pizzeria betrat, schwappten ihm Pizzageruch und markerschütterndes

Geschrei entgegen. Mit schwingenden Hüften näherte er sich der Küche. Die Stimmen wurden immer lauter.

„Du Idiot, halt die Klappe! Willst du, dass das Ganze auffliegt? Womöglich wissen bereits alle von deiner Mafia-Killer-Vergangenheit! Wer weiß, wie lange der Anwalt noch dicht hält!“, donnerte es aus Arturos Mund, der plötzlich verstummte, als Antonio an die Küchentür pochte und sie öffnete.

Daraufhin marschierte er an Migu vorbei, der rhythmisch Pizzateig knetete, in die Luft warf, wieder auffing und Antonio dabei spöttisch zuraunte:

„Na, wollten wir Schulden eintreiben bei Ahmet?“

„Was für Schulden? Du spinnst wohl! Außerdem geht dich das einen Scheißdreck an!“, konterte Antonio aufgebracht.

Dann öffnete er angenervt den Kühlraum. Als er wieder an Migu vorbei musste, klopfte ihm dieser lachend auf die Schulter,

„Naaaa“, und fing an los zu prusten.

Arturo stimmte in Migus verächtliches Gelächter ein. Sie bogen sich vor Lachen, wobei ihre weißen Zähne um die Wette glänzten. Zuerst behielt Antonio noch die Fassung. Dann fixierte er Migu, danach Arturo.

Jetzt reichte es ihm! Er knallte den Gemüsekorb auf die Anrichte und schritt hocherhobenen Hauptes aus der Küche. Mit Arturos dubiosen Machenschaften wollte er nichts zu schaffen haben.

„Ich kündige“, rief er seinen Kollegen, die ihm mit offenen Mündern nachstarrten, hinterher.

Insgeheim dachte er: Ich muss sie, egal wie, zur Strecke bringen. Die steckten doch alle unter einer Decke. Hier ist irgendetwas faul.

Draußen wehte ihm kalte reine Luft entgegen, während er die Tür der Pizzeria hinterrücks zuschlug.

Nachdem der Rechtsanwalt Herr Grünwald zwei Tage vorher die Kanzleitür hinter sich sorgfältig zugeschlossen hatte, war er an Ahmets Laden vorbei spaziert, um Gemüse für seine Frau zu kaufen. Nebenbei hatte er sich erkundigen wollen, wie die Geschäfte so liefen. Denn die Schweigegeldzahlungen von Ahmet an ihn waren ins Stocken geraten.

„Eventuell hat es ja Probleme gegeben, auf der Schmuggelroute durch die Türkei, über die das Heroin und Haschisch transportiert wird", grübelte er, als er den Laden betreten hatte, aber keinen Ahmet vorfand.

Vor der Pizzeria lümmelte Miled herum, zog an seiner Zigarette und schrieb Kreise in die Luft. Als er Antonio aus dem Augenwinkel bemerkte, polterte er los:

„Wolltest mit unserem Geld durchbrennen was? Hast Ahmet deshalb gleich umgelegt? … du undankbarer Verräter! … und mit dir wollte ich ein Restaurant aufmachen. Was hat mich da nur geritten!"

Er spukte verächtlich auf den Boden. Daraufhin trat er die Kippe auf diesem aus und stolzierte davon. Ein Auto startete neben ihm und hinterließ eine Abgaswolke.

„Blödmann! Ich bin doch kein Mörder! Verräter schon gar nicht! Schließlich hab ich die Zehntausend Riesen nicht mal angefasst!", brüllte ihm Antonio hinterher und gestikulierte wild mit dem linken Arm herum.

Migu blieb stehen und drehte sich nochmals um.

„Ach? Und warum sind sie jetzt verschwunden?", schrie er ihm zu.

„Was weiß denn ich? Bin ich die Polizei?", zeterte Antonio.

Er fühlte sich in jeder Hinsicht in seiner Ehre verletzt. Dieser türkische Hurensohn war komplett durchgedreht. Er musste beweisen, dass er kein Mörder war und den Mörder finden, sonst schwärzte ihn Miled bei der Polizei an und er landete unschuldig im Gefängnis. Er traute jetzt Miled, diesem Hornochsen, alles zu.

Früher hatte Antonio mit ihm einen Sprachkurs besucht. Sie hatten sich damals auf Anhieb verstanden. Dann hatte Miled ihn ermuntert, gemeinsam mit ihm ein Restaurant mit sizilianisch-türkischer Küche zu eröffnen.

Ein Hund schnüffelte im Vorbeilaufen an seinen Schuhen und holte ihn wieder in die Realität zurück, während er mit hängenden Schultern den Heimweg antrat.

Nachdem Ahmets Leiche von der Gerichtsmedizin freigegeben war und seine Beerdigung anstand, sah Antonio das erste Mal eine Moschee neben dem muslimischen Friedhof. Antonio fragte sich, wie so ein Prunkbau auf die Beine hatte gestellt werden können. Die Stadt war total verschuldet. Bei der Zeremonie, bei der nur Männer anwesend waren, pries der Imam, Ahmet in den höchsten Tönen als einen großzügigen Spender für den Bau der Moschee.

„Komisch. Ahmet hatte nur einen kleinen Imbiss mit Gemüseverkauf", rätselte Antonio, als er sah, wie der Sarg mit dem Leichnam langsam in das Grab heruntergelassen wurde.

Die hinten stehenden Männer regten sich über den hölzernen Sarg auf, der der islamischen Tradition widersprach. Tote beerdigte man nach ihren Gepflogenheiten in Leinentüchern. Was in Deutschland jedoch nicht gestattet war.

Antonio fand es von Anfang an seltsam, dass Ahmet, Mileds Onkel, ihnen so viel Kapital, für die Restauranteröffnung, hatte leihen wollen. Aber er brauchte das Geld und hatte nicht über seine Herkunft nachgedacht.

Die Umma (muslimische Gemeinde) erzählte Antonio von Ahmets angeblichem Sinneswandel und seiner ernsthaften Zuwendung zum muslimischen Glauben, wofür er alles gab, was die Moschee betraf.

Herr Grünwald stellte in den folgenden Tagen fest, dass die Schweigegeldzahlungen an ihn weiter ausblieben, und wurde langsam nervös. Das Geld war für die Kanzlei einkalkuliert. Er hatte große Pläne. Wenigstens hatte er das Schweigegeld von Arturo für Migus Ex-Mafiakiller-Existenz noch, aber das reichte nicht.

Vor dem offenen Bürofenster sangen Vögel, deren Gesang zeitweise vom Poltergeräusch der Straßenbahn übertönt wurde. Nervös knabberte er an seinem Kugelschreiber, während er ab und an Akten unterschrieb. Er stand auf und schloss das Fenster. Irgendetwas musste er unternehmen. Da klopfte es an der Tür. Putzwasserplätschern drang von draußen an sein Ohr. Er schritt zur Tür und öffnete sie. Draußen wartete Ayse. Ihre Putzschicht stand bevor.

Kurz darauf belauschte Antonio zufällig beim Öffnen der Hintertür der Pizzeria ein Gespräch zwischen Arturo und Migu, als er seinen restlichen Lohn einfordern wollte. Es ging um Drogen. Drogen, die nicht kamen. Er runzelte die Stirn. Da ging ihm ein Licht auf. Er biss sich auf die Lippen und machte kehrt. Wild entschlossen fuhr er mit dem Bus zur Polizei, um ihnen das Belauschte kundzutun. Außerdem verdächtigte er jetzt Miled als Mörder. Der wollte sich möglicherweise Ahmets Laden bemächtigen, musste ihn dabei aus dem Weg räumen, weil er ertappt wurde.

An der Haltestelle angekommen, stob ihm Blumenduft aus einem Floristikladen entgegen. Er dachte an Aylin.

Auf dem Revier lachte ihn der Polizist aus. Für so was hatten sie keine Zeit. Ihnen fehlten die Mittel. Umfassende Stellenkürzungen.

„Keine Zeit? Keine Mittel?“

Antonio zog fassungslos von dannen. Draußen vor dem Polizeirevier stockte er. Er konnte nicht glauben, dass die Ordnungshüter tatenlos zusahen. Es ging hier doch um Mord und sie stellten die Ermittlungen ein! Drogenhandel war kein Kavaliersdelikt! Antonio nahm einen Zug aus seiner Zigarette, die er sich beim Verlassen des Präsidiums angezündet hatte, und drückte sie wieder aus.

Auf dem Weg zum Bus kaufte er Blumen. Im Bus traf er zufällig Ayse. Mit Küsschen auf beide Wangen begrüßte er sie und setzte sich zu ihr. Da erzählte sie ihm besorgt von Herrn Grünwald, der sehr aufgeregt war. Antonio schaute sie stumm an. Er sah, wie ihr Blick auf den Blumenstrauß fiel, den er in der Hand hielt und sie lächelte. Vor der Haustüre schnappte er behände ihre Einkaufstaschen und trug sie nach oben in den dritten Stock.

Inzwischen nötigte Arturo Miled wieder in den Drogenhandel einzusteigen. Miled hatte früher auch Geld gewaschen und für Drogenbesitz sogar im Gefängnis gesessen. Danach wollte er ein ordentliches Leben führen und lernte richtig Deutsch. Er weigerte sich jedoch wieder mitzuspielen. Denn er strebte nach wie vor danach, ein ehrlicher Mann zu werden. Aber er wollte es sich mit Arturo nicht verscherzen. Andererseits durfte das Ansehen von Ahmet seinem Onkel auf keinen Fall beschmutzt werden. Familienehre. Nichts über den Drogenhandel durfte die Bevölkerung erfahren. Er saß zwischen den Stühlen.

Die Ermittlungen wurden von der Polizei nun vollständig eingestellt, da es sich ihrer Meinung nach um ein ethnisches Kriminalitätsdelikt mit Todesfolge handelte. Da hätten sie nichts zu suchen, das ginge sie nichts an. Aus die Maus. Sollten sie sich doch untereinander umlegen, was störte das die Polizei? Die deutsche Öffentlichkeit interessierte das nicht. Außerdem wäre das schlecht für die Statistik.

Was Antonio nicht wusste war, dass die Wahrheit anders aussah: Die Polizei war nicht nur desinteressiert und führte eine schlampige Beweismittelaufnahme, weil sie sich bestechen ließ, sondern sie ermittelte ungern im Drogen-Umfeld, da sie dort zuweilen selbst Drogen bezog. Wie sollte man ein Polizistenleben denn sonst ertragen. Diese Quellen durften keinesfalls versiegen. Ohne Bestechungsgelder konnte man den Lebensstandard doch nicht halten.

Oben in der Wohnung angekommen ging Antonio nochmals los. Ayse wollte mit. Er hatte etwas vergessen und sie lief ihm hinterher. Antonio beabsichtigte in Ahmets Laden nach seinem Handy zu suchen, das er dort verloren hatte. Als sie beim Laden ankamen und in das Geschäft eintraten, stieß Antonio aus Versehen ein paar Kästen um und hielt auf einmal eine Tüte mit weißen Pulverresten in den Händen. Er tippte mit seinem Zeigefinger hinein und steckte ihn in den Mund.

„Heroin!“, dachte Antonio.

Das war kein Puderzucker! Er runzelte die Stirn. Ach, Ahmet war Dealer! Ihm fiel ein, was Arturo zu Migu gesagt hatte. Drogenhandel! Aber warum musste Ahmet sterben? Es wurde immer komplizierter. Ayse schaute ihn verwirrt an.

„Was ist das?“

„Ach nichts!“

Ayse zog die Schultern hoch und runter und verließ den Laden Richtung Gemüsehändler auf der anderen Straßenseite.

Dieses Mal ging Antonio nicht zur Polizei; diese interessierten sich ohnehin nicht für den Drogenhandel. Überhaupt: unsympathische Zeitgenossen. Gedankenversunken trottete er nach Hause. Plötzlich quietschten Reifen neben ihm. Er hatte die rote Ampel übersehen. Zu Tode erschrocken schlurfte er weiter und stieß mit einem Mann zusammen, der ihm eine Bierfahne entgegen blies.

Als Aylin beim Abendessen über einen Klienten ihres Chefs Herrn Grünwald plapperte, wurde Antonio hellhörig. Er erkundigte sich daraufhin, ob es sich um Migu handelte und erzählte ihr, was er belauscht hatte. Aber sie meinte nur lapidar: Resozialisierungshilfe. Antonio runzelte die Stirn, stocherte in seinem Teller und musterte Aylin eindringlich. Warum nahm Aylin ihren Chef und Migu in Schutz?

Als Ayse die komischen Gesichter sah, fragte sie:

„Was ist Resozialisierungshilfe?“

Aylin winkte ab.

„Ach nichts Anne (Türkisch für Mama)! Hol mal bitte die Manta (eine Art türkische Tortellini)!“

Ayse stand auf und ging. Antonio fing an zu kombinieren, wenn Ahmet Arturo keine Drogen mehr verkaufte, hatte Arturo weniger Geld. Die Prozente, die er höchstwahrscheinlich beim Weiterverkauf dafür erbeutete und die er nicht investieren konnte, um sie zu waschen. Womöglich hatte Arturo Ahmet umgebracht, weil er nicht mehr mitspielte. Arturo war bei der Tat ertappt worden und wusste vermutlich gar nichts von dem Geld in den Hosentaschen. Antonio wurde nicht schlau daraus. Das mit dem Bestechungsgeld, das vermutlich floss, ließ ihm keine Ruhe? Was passierte, wenn sich Herr Grünwald nicht mehr von Arturo bestechen ließe und ausstieg? Büßte er dann seine Zulassung ein? Verlor Aylin auch ihren Job? Seine Freundin verstrickt in Schmiergeldaffären? Oh Dio!

Er erhob sich, verließ das Esszimmer ging in die Küche und nahm sich ein Bier aus dem Kühlschrank. Zurück am Esstisch sah er, dass ihn Aylin schweigend beobachtete, während sie in der Manti herumstocherte, die ihr Ayse hingestellt hatte. Dann deutete sie an, dass Ahmet hatte aussteigen wollen, weil er sich besonnen hatte und ein guter Moslem werden und keine krummen Dinger mehr drehen hatte wollen, als er ihren Blick traf. Komisch. Das hatte er schon mal gehört. Aber woher wusste sie das alles? Antonio war sehr verwirrt. Dann war es doch Arturo. Den musste er sich sowieso noch einmal vorknöpfen.

Als Ayse aus der Küche kam, schwärmte sie, dass der Gemüsehändler ein so netter, ehrbarer Mann war, so anständig - obwohl er Grieche war – und er ihr ein Pfund griechischen Schafskäse geschenkt hatte, den sie ihnen stolz servierte.

Antonio war vor Jahren nach Deutschland gekommen, um dort sein Glück zu suchen. Zuerst ging er nach Berlin und arbeitete dort auf dem Bau. Ein Freund hatte ihm dann einen Job als Koch in Arturos Pizzeria in Erfurt vermittelt. Er lernte deutsch und führte den Job immer gewissenhaft und pflichtbewusst aus, fast wie ein Deutscher. Er hatte schon immer den Traum von einem eigenen Restaurant. Eines Tages aß Aylin bei ihm und sie verliebten sich. Bald darauf zog er bei ihr ein.

Am nächsten Tag versuchte Antonio erneut, zu seinem Lohn zu kommen. Fehlanzeige! Arturo war angeblich pleite, aber Antonio glaubte ihm kein Wort. Er schmetterte die Faust auf die Theke an die er sich gelehnt hatte, so dass alles wackelte, was darauf stand, während Arturo entspannt einen Espresso brühte. Antonio funkelte ihn wütend mit seinen Augen an und fühlte sich von jedermann hintergangen. Daraufhin richtete Arturo seelenruhig die umgekippten Zuckerstreuer wieder auf, goss den Espresso in ein Tässchen und drehte ab. Voller Wucht knallte daraufhin die Tür ins Schloss, als Antonio die Pizzeria, ohne Arturo eines Blickes zu würdigen, verlassen hatte.

Kurze Zeit später sah er Aylin von weitem mit ihrem Chef turtelnd die Straße Richtung Kanzlei überqueren. Jetzt war das Fass voll! Er stürmte ins Anwaltsbüro. Aber im Büro war niemand. Wo waren sie hin? Der Wasserhahn tropfte. Er drehte ihn zu. Das Ayse nie den Hahn zudrehte. Er fühlte sich verantwortlich dafür, dass sie ihren Job nicht verlor, wegen verursachter erhöhter Wasserrechnungen. Sie war so vergesslich.

Da entdeckte er auf dem Schreibtisch von Herrn Grünwald eine Akte und blätterte darin. Langsam dämmerte es bei ihm. Hinter ihm vernahm er Türenknarren. Er drehte sich um und Herr Grünwald stand vor ihm. Er verließ wortlos die Kanzlei.

Abends wartete unverhofft der Kommissar vor Antonios Haustür. Neue Zeugen hatten sich gemeldet. Aylin musste eine Aussage machen und wurde abgeführt. Antonio schaute ihr grübelnd hinterher und brütete: Was würde sie dem Kommissar erzählen? Was wusste sie, was sie vor ihm verheimlichte? Warum vertraute sie ihm nicht mehr? Was waren das für Zeugen? Er wollte mit, aber es wurde ihm verwehrt.

Antonio ließ nicht locker und marschierte am nächsten Tag zu diesem berühmten Gemüsehändler gegenüber von Ahmets Laden, von dem Ayse erzählte hatte.

„Natürlich habe ich was gehört, war ja laut genug. Ich bin froh, dass die Bestie endlich tot ist … wurde Zeit!“, tönte es aus dem Mund des Händlers, der kräftig an der Plane vor seinem Laden rüttelte, bis sie endlich einrastete.

„Aber was denn?“

Der Grieche betrachtete Antonio aus den Augenwinkeln und formte den Mund zu einer Schnute.

„Na, das fragen sie die junge Dame besser selbst! Ich mische mich da nicht ein! Das gibt nur Ärger!“, beendete er abrupt das Gespräch und stolzierte salutierend in seinen Laden. Dabei wandte er sich nochmals um.

„Ach, grüßen Sie schön Frau Ayse!“

Am nächsten Tag wurde Aylin auf offener Straße angeschossen. Sie hatte gerade das Polizeirevier verlassen, wo man sie über Nacht festgehalten hatte. Sie überlebte um ein Haar die sofortige Notoperation. Der Täter wurde nicht gefasst. Antonio verdächtigte Arturo; lauerte ihm vor der Pizzeria auf, verabreichte ihm ein Veilchen und drohte ihm, dass er, falls Arturo noch einmal seiner Freundin zu nahe kommen sollte, zur Polizei ginge, denn er wüsste über seine krummen Geschäfte Bescheid. Arturo gab vor, dass er keinen Schimmer hatte, wovon er sprach. Er hatte damit nichts zu tun und lachte ihn aus.

„Pass auf, was du sagst, am Ende hast du selbst noch eine Mörderin im Haus", grinste er ihn süffisant an und sperrte die Pizzeriatür auf.

„Beleidige meine Freundin nicht, du Mistkerl!", schrie Antonio ihm nach, als Arturo schon in der Pizzeria verschwunden war.

Zwei Wochen später bohrte Antonio erneut bei Aylin nach, die inzwischen aus dem Krankenhaus entlassen worden war. Dabei sah er zu, wie sie langsam ein Wattebäuschchen in den Mülleimer warf und sich ihm darauf zuwandte, wobei sie sich mit schmerzendem Gesicht den Bauch hielt. Ja, sie wäre im Laden gewesen, stöhnte sie. Sie wollte Ahmet überreden noch einmal mitzuspielen, solange bis Herr Grünwald in den schwarzen Zahlen war, gab sie zu. Denn Ahmet tat ja so, als sei er jetzt zu einem gläubigen Muslim mutiert. Sie wollte diesen Job nicht verlieren, denn kürzlich hatte Herr Grünwald sie für die Staatsanwaltschaft vorgeschlagen und jetzt war sie befangen. Als sie aus dem Laden kam, postierte sich plötzlich Migu vor ihr.

„Migu?", wunderte er sich.

Sollte dieser sie erinnern, wegen der Bestechung die Klappe zu halten? Oder was war hier los?

Er schaute ihr zweifelnd hinterher, während sie auf dem Absatz kehrt machte und das Badezimmer verließ.

„Soll ich dich morgen zur Arbeit begleiten Schatz?", rief er ihr versöhnlich zu.

Aylins Mutter Ayse war als Fabrikarbeiterin nach Deutschland gekommen, nachdem schon einige ihrer Brüder hierher immigriert waren. Eines Tages putzte sie in der Kanzlei von Aylins Vater. Später heirateten sie, trotz heftigen Protest ihrer Brüder, die ihr mit Ausstoß aus der

Familie drohten. Sie heirateten trotzdem. Er war schließlich Anwalt. Letztes Jahr war Manfred an einem Herzinfarkt gestorben. Die Familien ihrer Brüder wollten sie wieder aufnehmen, aber sie wollte zu ihrer Tochter.

Sie hatte Angst, dass sie als verwitwete Frau von ihren Brüdern mit einem kürzlich verwitweten Cousin verheiratet wurde, um die Familienehre zu retten. Inzwischen reinigte sie Herrn Grünwalds Kanzlei, bei dem sie Schutz suchte.

Herr Grünwald saß vornübergebeugt an seinem Schreibtisch, als Ayse das Büro betrat. Auf dem Pult lag ein Brief. Sie öffnete ihn:

„DAFÜR, DASS DEINE SCHLAMPE NICHT DIE KLAPPE HALTEN KANN“

stand da.

Als sie jetzt das vertrocknete Blut, das von seinem Nacken getropft, auf seiner Hose gelandet war, erkannte, fing sie gellend an zu schreien. Die Kugel hatte sein Genick durchbohrt. Plötzlich stand Aylin neben ihr, sah ihren toten Chef und ihr Blick fiel auf den Zettel. Sie wurde kreidebleich. Dann hastete sie in ihr Büro und rief zitternd die Polizei an. Als sie wieder aus ihrem Dienstzimmer kam, stand unverhofft Antonio, der ihr heimlich gefolgt war, vor ihr und sah sie fordernd an. Zuerst wich sie ihm aus, dann brach sie zusammen und sank in seine Arme. Sie hörte gar nicht mehr auf zu heulen und zitterte am ganzen Körper. Antonio führte sie zu einem Stuhl. Nach einer Weile setzte sie sich auf. Antonio gab ihr ein Taschentuch.

„Was ist passiert? Willst du mir nicht endlich die Wahrheit sagen?“

Sie schnäuzte und räusperte sich.

Ängstlich wandte sie sich ihm zu und schaute in seine haselnussbraunen Augen, die ihr ermutigend zunickten.

„Ach, wenn du wüsstest … Ahmet hat mich mit dreizehn Jahren mehrmals sexuell missbraucht …!“, jammerte sie.

Ihr stockte der Atem.

„Aaaaber … mein Vater hatte mich davor bewahrt, ihn heiraten zu müssen … du weißt schon islamisches Recht, meine türkischen Onkel. … Die Bedingung war, dass mein Vater die Anzeige zurücknimmt. Es wurde ein Mantel des Schweigens darüber gebreitet. Jahrelang!“, schnaufte sie.

„Dieser Dreckskerl wurde niemals zur Rechenschaft gezogen!“, flüsterte sie.

Antonio schaute sie fassungslos an und nahm instinktiv ihre Hand. Aylin zitterte immer noch, dann setzte sie sich aufrecht.

„Die Sache ist inzwischen verjährt. Aber ich habe das nicht vergessen. … Ich habe später einen Deutschen geheiratet. Der ist bald danach bei einem Verkehrsunfall tödlich verunglückt. Fahrerflucht.“

Aylin stöhnte. Antonio streichelte ihre Hand, legte einen Arm um sie und drückte sie an sich.

„Dann hatte ich die Nase voll von Deutschland. Ich lernte italienisch und arbeitete zwei Jahre in Mailand. Aber als der Vertrag auslief, kam ich zurück. Dann habe ich dich kennengelernt.“

Sie löste sich aus der Umarmung und schaute ihn abwartend an, bis sie weiter sprach. Besorgnis las sie in seinem Gesicht.

„Als Ahmet den Laden neben Arturo eröffnete, kochte in mir alles wieder hoch, denn er begann mich permanent zu provozieren. Ich sann nur noch auf Rache!"

Die Blässe aus Aylins Gesicht war gewichen. Es verzerrte sich jetzt rot vor Hass. Sie schnaufte tief. Antonio strich ihr verständnisvoll über den Arm und schaute sie eindringlich an.

„Zuerst wusste ich nicht, dass Ahmet der Geschäftspartner eines Mandanten meines Chefs war: Arturo. Ich wusste auch nicht, dass Arturo meinen Chef dafür bezahlte, dass er seinen Mund hielt ..., dass er das Schweigegeld für die aus der Türkei eingekauften Drogen von Ahmet steuerlich unter Kapitalanlagen „verbuchte" … und dass Arturo das erhaltene Geld beim Verkauf der Drogen in die Sanierung ganzer Straßenzüge von Erfurt investierte und so seine Weste sauber hielt. … Aber irgendwann bekam ich es mit … ich saß zwischen den Stühlen."

Hilfesuchend betrachtete sie ihn.

„Hätte ich zur Polizei gehen sollen und meinen Chef verpfeifen? Oder wussten die das längst? … Als Herr Grünwald mich ermutigte, meinen Fall neu aufzurollen, da sich inzwischen die Gesetzeslage geändert hat, ließ ich davon ab. Alleine hätte ich nie die Kraft gehabt, diese ganze Geschichte nochmal zu durchleben. Ich brauchte ihn. … Mein Bedürfnis nach Gerechtigkeit war größer, als die politische Korrektheit meines Chefs. Aber andererseits wollte ich nur noch Rache, das Schwein sollte endlich büßen. Ich war hin und her gerissen. Jetzt, wo Ahmet tot war, hatte ich Angst jemand, der von dem Drogendeal profitiert hatte, würde dahinter kommen, dass ich an allem schuld war, und könnte sich an mir rächen. Deshalb versuchte ich alles zu vertuschen, als ich sagte, dass Ahmet ein gläubiger Muslim geworden war."

Antonios Blick wurde immer trauriger.

„Ich wollte dich da nicht mit hineinziehen. Glaub mir."

Antonio schlug die Hände vor sein Gesicht.

„Madonna! Aylin hast du ihn …"

In diesem Moment hörten sie plötzlich ein Geräusch und ihre Köpfe drehten sich Richtung Türe. Da sahen sie den Kommissar im Türrahmen stehen. Sie hatten ihn gar nicht kommen hören.

Aylin gab jetzt offiziell zu, dass sie ausgerastet war, als Ahmet wieder versuchte sie anzutatschen und ihn voller Wucht die Treppe hinuntergestoßen hatte, wo er mit seinem Kopf unglücklich auf die Steintreppe knallte und dann verblutete. Sie war rausgerannt, als er sich nicht mehr rührte.

Dem Wasserhahn entsprangen zum wiederholten Male Tropfen. Antonio ignorierte es. Wen interessierten jetzt die Wasserkosten?

Auf einmal sah Aylin Ayse hinter dem Kommissar vortreten und fiel ihr um den Hals. Sie hatte alles mit angehört.

„Kiz (Türkisch für Tochter), kiz, was hat Ahmet dir angetan! Warum hast du mir das nie erzählt?"

„Ist schon gut Anne, nicht deine schuld!"

Aylin streichelte ihren Rücken.

Nachdem Ayses Brüder bei ihrer Gattenwahl nicht genug Durchsetzungskraft gehabt hatten, hatten sie sich bei ihrer Tochter einmischen wollen, um sie möglichst früh unter die Haube zu bringen. So hätte wenigstens sie keine

Schande, durch eine erneute Hochzeit mit einem Ungläubigen, über die Familie gebracht. Da kam ihnen der Vorfall mit Ahmet gerade recht. Wobei sie gar nicht genau wussten, was vorgefallen war. War ihnen auch egal. Im Gegenteil; sie taten es ab und warfen der dreizehnjährigen Aylin vor, sich selbst angebiedert zu haben. Das war für sie ein klares Einverständnis. Aylin wurde nie dazu befragt. Jetzt hätte sie Ahmet heiraten müssen. Aber Aylins Vater kam ihr zur Hilfe und wollte sie wegen der Zwangsheirat anzeigen. Sie hatten Angst vor einer Anzeige. Das hätte ihren Ruf als bedeutende Geschäftsmänner ruiniert. Ihre Mutter Ayse hatte nie etwas davon erfahren.

Antonio überzeugte Aylin, endgültig gegen Arturo und Migu auszusagen. In der Folge kam sie wegen mildernder Umstände frei.

Arturo und Migu wurden zu einer Gefängnisstrafe verurteilt. Gegen das Urteil legten sie allerdings erfolgreich Berufung ein.

Nach kurzer Zeit eröffnete unter Arturos Namen ein neues Nobelrestaurant am Hauptplatz, das nun Miled führte.

Die Polizei war machtlos, denn sie hatte keine Beweise gegen sie in der Hand.

Inzwischen hatte sich Arturo einen anderen Rechtsanwalt zugelegt, der seine Weste sauber hielt.

Urlaub mit Hindernissen

Krimi-Kurzgeschichte

Krimi short
Leichen im Keller
Weiße Weste
Luzie Pan

Widmung

Für alle Entführten, Gekidnappten und Verschwundenen.

Vorwort

Kommentar von Arno von Rosen (Thriller-Autor):

„Wie schnell wird ein Urlaub zum Hindernislauf. Viele von uns haben da schon eigene Erfahrungen gemacht, aber wir können sicher sein, dass die Erlebnisse der Romanfigur von Luzie Pan erheblich von der üblichen Norm abweichen. Nicht nur deshalb lohnt es sich mehr über die weiteren Geschehnisse zu erfahren. Der Auszug (Leseprobe) der Story ist schon mal vielversprechend."

Bewertung meiner Lektorin:

„Zum ersten Mal habe ich einen entführten Protagonisten auf meinem Bildschirm, der in der „Telefonzelle" steht, um eine Lösegeldforderung weiterzugeben. Die ersten beiden Seiten haben mir gut gefallen. Sowohl .. als auch Herberts Zittern aufgrund des stürmischen Klopfens ließen mich voller Spannung weiterlesen. Recht sicher bin ich mir, dass Sie die Geschichte mit einem Augenzwinkern geschrieben haben."

Urlaub mit Hindernissen

Das Buch mit der Aufschrift: „Wichtige Telefonnummern“ hatte er nun zugeklappt und der Sprechapparat der Telefonzelle verschluckte die Münzen schneller, als sie Herbert, von einer Neureichen frisch geschieden, hinterherwerfen konnte.

„Ja, hier in Valencia ist es herrlich, 30 Grad. Heute sind wir Boot gefahren!“, keuchte er in den Hörer.

Kalter Wind blies um das Telefonhäuschen. Der trübe Tag nahm kein Ende, die Wolken ließen keinen einzigen Sonnenstrahl hindurch. Die Tage wurden kürzer. Langsam ging die Beleuchtung in der Kabine an.

Es klopfte stürmisch an die Glastür der Zelle. Herbert drehte sich um. Erschrocken wendete er den Kopf wieder weg.

„Aber Herbert! Ich verstehe nicht, du bist doch seekrank und fährst Boot?“, klang es zweifelnd aus dem Apparat.

Er trippelte nervös von einem Bein aufs andere und versuchte sich ja nicht umzudrehen.

„Nein, das war gar nicht schlimm, es war er nur ein kleines Boot“, stammelte er in den Hörer.

Das Klopfen wurde immer lauter.

„Nein, Mama, es ist nicht so, wie du denkst!", winselte er und seine Hände zitterten, als er die Ohrmuschel ans andere Ohr legte.

„Mama, ich ich … muss jetzt Schluss machen, da da steht jemand vor der Telefonzelle", schnaubte er in die Hörmuschel.

„Telefonzelle? Hast du kein Handy?"

Plötzlich wurde die Tür aufgerissen. Ein Mann mit schwarzer Sonnenbrille quetschte sich in die Zelle, legte in Sekundenschnelle seine Hand im Klammergriff um Herberts Hals und würgte ihn.

„Bist du noch dran, Herbert? Du sagst gar nichts mehr? Wo bist du?", winselte es derweil aus dem Hörer.

Als ihn der Mann wieder losließ, hüstelte Herbert ermattet: „Ich, ich weiß nicht!" in den Hörer, den ihm der Mann aus der Hand riss und mit Wucht auf die Gabel knallte. „War`s das?", donnerte es aus dem Mann heraus.

„Ja … ja", entgegnete Herbert zögernd.

„Wann zahlt sie?", brüllte ihn der Mann an.

„Äh, äh … wann zahlt wer?", stotterte Herbert kreidebleich.

„Wie? Du willst mich wohl verarschen?"

Der Eindringling ging Herbert erneut an die Gurgel und rammte ihm voller Wucht sein Knie in dessen Bauch, so dass Herbert gekrümmt auf den Boden sank.

Als der Sonnenbrillenmann die Telefonzelle verließ, pfiff er den Männern auf der anderen Straßenseite zu, die sofort herüber geschlendert kamen.

„Wir müssen den Lösegeldplan ändern, so geht das nicht! Schafft ihn wieder ins Boot!", befahl er seinen Jungs, die tatbereit vor ihm standen.

Ergeben gingen die Männer zum Telefonhäuschen, zerrten den jaulenden Herbert heraus und schleiften ihn zum Hafen. Dort angekommen, verfrachteten sie ihn, fast bewusstlos, in die Bootskombüse. Anschließend kletterten sie erneut auf den Anlegesteg.

Ihr Chef saß an der Mauer und blies kleine Rauchwolken vor sich hin. Auf der Seite gegenüber der Hafenmauer war die Küstenwache stationiert. Plötzlich fing ein Polizist an, davor auf und ab zu gehen.

Beim Anblick des Marineoffiziers raunte der Boss zu den Männern:

„Scheiße, ich dachte, es ist Mittagspause, schnell weg hier!"

Während er auf die Reling zum Boot sprang, wurde er von hinten überwältigt.

„Herr Zapata, ich verhafte Sie hiermit, wegen Verdachts auf Erpressung und Menschenschmuggel. Wir haben Sie längst beobachtet. Das hätten Sie nicht gedacht, was?", kam es feixend aus dem Mund eines Grenzpolizisten mit Frontex-Wappen, hinter dem wie aus dem nichts vier weitere Polizisten auftauchten.

Zapata schlug wild um sich und rief entrüstet aus: „Ich habe damit nichts zu tun!"

Zapatas Komplizen waren längst mit dem Boot auf und davon. Der Befehlshaber befahl seinen Kollegen, dem Boot nachzufahren und die Gauner, auf die Wache zu bringen.

Als Herbert einige Tage später in einem Berliner Krankenhaus erwachte, wollte er seinen Augen nicht trauen.

Leichen im Keller

Krimi-Kurzgeschichte

Kurzgeschichten
Krimi
Leichen im Keller
Luzie Pan

Widmung

Für alle Mobbingopfer, ausgebeuteten Angestellte und LeiharbeiterInnen.

Vorwort

Kommentar von Daniel Mattes (Thriller-Autor):

„Die Kurzkrimis von Luzie Pan sind immer wieder eine Empfehlung wert. Die Autorin bietet gute Unterhaltung, macht aber auch auf gesellschaftliche Probleme und Missstände aufmerksam. In dem Buch "Leichen im Keller" stellt sie außerdem die spannende Frage: Was wäre wenn. Die Autorin hält uns einen Spiegel vor, in dem sich einige von uns erkennen werden. Fazit: Eine klare Leseempfehlung."

Kommentar von Arno von Rosen (Thriller-Autor):

„"Leichen im Keller", ist ja ein stehender Begriff für nicht bewiesene Behauptungen. Hier arbeitet Luzie Pan aber viel mehr heraus, als nur ein Klischee zu bedienen. Es wäre einfach in gut oder böse einzuteilen, würde der prickelnden Geschichte aber nicht gerecht werden. Vielmehr werden hier die einzelnen Figuren verführt, etwas zu tun, das uns allen hin und wieder vorschwebt, sich aber niemand zu trauen wagt. Dennoch enthält die Story so viel Realismus, dass wir uns die Situation mit unseren Kollegen und Vorgesetzten lebhaft vorstellen können. Dieser Erzählung steckt immer ein bissiges Lachen im Nacken, was sie so herrlich unverwechselbar macht".

Bewertung meines Lektors:

"Treffend kontrastieren Sie die penible Lebensführung Herrn Feddersens zu dem bevorstehenden Ausbruch, der seinem von Unterdrückung geprägten Berufsleben ein jähes Ende beschert. Sehr schön erfüllt sich so die anvisierte Prämisse „Wie du mir, so ich dir“. Das haben Sie fantasievoll ausgesponnen, fesselnd und ungemein authentisch erzählt. Darüber hinaus haben Sie in der Tat unter Beweis gestellt, dass Sie die Konstruktion eines Konfliktes beherrschen“.

Zitat

„Seht, ich sende euch wie Schafe

mitten unter die Wölfe;

seid daher klug wie die Schlangen

und arglos wie die Tauben.“

(Mt 10,16 (NT))

Leichen im Keller

Anton Feddersen lebte ein ausgesprochen wohlgeordnetes Leben. Das Haus hatte er von seinen Eltern geerbt und ebenso die Schulden. Seine Mutter wohnte im Altersheim. Er besuchte sie alle Jubeljahre einmal. Sie war verbittert, denn er hatte ihr keine Enkel geschenkt.

Feddersen lebte nach der Uhr. Er stand jeden Morgen um die gleiche Zeit auf, kam um die gleiche Zeit in sein Büro, frühstückte dort, nachdem er vorher beim Bäcker war, verließ das Büro zur gleichen Zeit, nahm zuhause das Abendbrot alleine ein, wusch ab, schaute fern und ging um zweiundzwanzig Uhr zu Bett, daran änderte sich nie etwas.

Er arbeitete seit Jahren, für eine einflussreiche Firma, die bedeutende Dinge herstellte. Er war zuverlässig und korrekt, aber nur ein kleiner Angestellter und fühlte sich zunehmend von seinem Chef Herrn Oberleitner übergangen. Wobei er alles für ihn tat.

Angefangen hatte alles, als er feststellte, dass ein Mitarbeiter in gleicher Position und Alter wie er wesentlich mehr verdiente, obwohl er weniger arbeitete. Das verdross ihn. Als er seinen Chef darauf ansprach, ignorierte dieser das und schickte ihn auf Geschäftsreise.

Wieder zurück, war sein Kollege weg. Er dachte, man hatte ihm gekündigt. Sein Dienstherr hatte ihn jedoch zum Abteilungsleiter in einer anderen Filiale befördert. Das ärgerte Feddersen noch mehr. Er wollte endlich raus aus dieser „Handlangerposition" mit diesem Minigehalt. Er bangte um seine Existenz, denn er musste seine ererbten Schulden zurückzahlen und das Altenheim war teuer. Außerdem saß ihm die Bank im Nacken. So sprach er seinen Arbeitgeber nochmals darauf an. Der wimmelte ihn jedoch ab und deckte ihn erneut mit Arbeit ein. Darüber hinaus warf er ihm vor, dass er nicht „produktiv" genug war. Sein Posten stand bereits auf der Abschussliste.

Eines Tages war der Buchhalter krank und Feddersen sollte den Jahresabschluss für ihn machen. Es war sehr eilig, denn die Finanzbuchhaltung war hinten dran. Dabei machte Feddersen erstaunliche Entdeckungen.

„Wie kann sich der Chef eine so tolle Villa leisten?", meinte er beiläufig, als er Frau Sommer, dessen Sekretärin, tags darauf Schriftstücke vorbei bringen wollte und in ihr Büro hereinschneite.

„Woher soll ich das wissen!", tönte eine grelle Stimme zwischen den beiden Ficuspflanzen hervor.

Woraufhin Anton einen Schritt auf sie zu stolzierte und schmunzelnd ein paar vertrocknete Blätter ihres Ficus abzupfte, nachdem er die Akten auf ihrem Schreibtisch abgestellt hatte.

„Wenn Sie das wüssten, wäre es ihnen lieber, sie würden es nicht wissen!", murmelte er dann, machte kehrt und ging zurück in sein Büro.

Die Sekretärin stierte ihm kopfschüttelnd hinterher schritt dann zur ihrem Schreibtisch, kramte in der Schublade und begann sich die Nägel zu feilen.

Der Jahresabschluss war fertig. Nach Weihnachten ging sein Chef für vier Wochen in Urlaub. Anton durfte seine

Aufträge vorbereiten, aber ihn nicht vertreten. Das machte Frau Sommer, die überhaupt keine Ahnung hatte, aber dafür die schöneren Augen und einen einwandfreien Körperbau.

Das ärgerte Anton, was dazu führte, dass er Frau Sommer mied und nur noch das Nötigste mit ihr sprach. Ehrlich gesagt stand er auf sie. Sie hätte ihm gefallen, aber da war dieser Buchhalter.

Der Chef trudelte ein und zitierte Anton ins Büro.

„Was haben Sie hier wieder für einen Bockmist gemacht!“, herrschte er ihn an.

„Was kann ich dafür, dass die abgesprungen sind. Wären Sie da gewesen! Ich durfte ja nichts unternehmen!“, konterte er.

Sein Mut wuchs. Er fühlte sich im Recht. Nach drei Wochen beschloss der Chef, nochmals einen Kurzurlaub zu machen: Skifahren in der Schweiz. Er musste abschalten. Sein Vorgesetzter setzte ihn unter Druck. Anton bekam diesmal den Auftrag, den verloren gegangenen Kunden wieder einzuwickeln.

Kurz darauf verließ Feddersen sein Büro pünktlich um fünf Uhr dreißig und lief wie immer beim Pförtner vorbei, der ihm hinterherwarf:

„Pünktlich wie immer, Herr Feddersen.“

„Ganz genau. Auf Wiedersehen“.

Nachdem er die üblichen drei Minuten an der Haltestelle gewartet hatte, überlegte er es sich anders und ging nochmals zurück in sein Büro.

Als er später in die Linie 60 stieg, sagte Feddersen zum alteingesessenen Busfahrer Otremba:

„Schöner Abend heute, was?“

„Soll aber noch regnen“, gab Otremba zurück.

„Dabei hatten wir in letzter Zeit immens viel Regen“, stöhnte Feddersen.

Freundlich nickend ging er weiter und setzte sich auf den gleichen Platz wie immer. Er dachte an seinen Chef, der schon wieder Urlaub machte.

„Na, der hat`s gut und reichlich“, grübelte Feddersen, drehte die Augen zu Decke und flüsterte, „aber der hat auch Leichen im Keller.“

Er schlug seine Zeitung auf und hatte plötzlich eine Idee. Zuhause angekommen gesellte sich zu seiner Routine ein weiteres kleines Ritual hinzu: Er ging abends immer in den Keller.

Es wurde langsam wärmer. Die ersten Krokusse sprossen durch die schneebefreite Erde. Vor seiner Firma angekommen schlenderte er am nächsten Tag gedankenverloren auf sein Büro zu.

„Sagen Sie mal Herr Feddersen, wann kommt der Herr Oberleitner wieder?“, unterbrach Oberleitners Sekretärin, als sie ihn antraben hörte, seine Gedanken, wobei sie den vor ihr stehenden Ficus sorgenvoll begutachtete. Inzwischen sah er beinahe aus wie ein Skelett.

„Ich denke noch `ne Woche!“, warf Feddersen ihr zu, als er kurz seinen Kopf in ihr Büro steckte und in seinem Arbeitszimmer verschwand, während Frau Sommer geistesabwesend die Gießkanne am Waschbecken füllte, ein „Ah“ ausstieß und beflissen den Ficus wässerte.

Nach der Arbeit betrat Feddersen einen Antiquitätenladen, der bei ihm um die Ecke lag.

„Und die funktionieren wirklich noch?“, fragte er zweifelnd den Verkäufer.

„Na klar! Die sind von meinem Vater! Das ist noch Qualitätsarbeit! Testen Sie mal!“

„Ok, die nehme ich. Was macht das?"

„Behalten Sie den Rest!", pfiff er dem Antiquitätenhändler nach und trat auf den nassen Bürgersteig.

Es hatte wieder angefangen zu regnen.

Samstag war Einkaufstag. Feddersen zwängte sich mit seinem Einkaufswagen durch die vollen Gänge. Endlich war er vor dem Fertiggerichteregal angelangt. Er stutzte kurz und es entfloh ihm ein leises „Scheiße" und er kratzte sich den kahlen Kopf. Das Regal war vollständig ausgeräumt. Plötzlich rempelte ihn von hinten ein Mann an.

„Können Sie nicht aufpassen!", fauchte dieser und baute sich vor ihm auf.

Verwirrt drehte sich Anton um, wendete geschickt seinen Einkaufswagen und nahm eilig einen anderen Korridor zu den Tütensuppen.

„Das wird es auch tun! Bin doch kein Hotel!", frotzelte er, Sehens ihm eine reiche Auswahl entgegen strahlte.

Er griff ein Sortiment aus dem Regal und schmiss es in den Wagen. Dann zog er Richtung Kasse ab. Dort erspähte ihn seine Nachbarin, die interessiert in seinen Wagen gaffte.

„Na, Mikrowelle kaputt?", grinste sie ihn an.

„Na, ausverkauft!", gab er schnippisch zurück.

„Sie sollten sich halt eine Frau anschaffen!", lachte sie.

Feddersen schnaufte. Ihm ging diese Hausbewohnerin schon eine Weile auf den Geist. Er verzog das Gesicht und stellte sich flugs an einer anderen Schlange an.

„Nur nicht auffallen", dachte er.

Als er zum Parkplatz huschte, stieg gerade der Buchhalter, der ihn von weitem grüßte, aus seinem Auto. Feddersen erschrak als er ihn erblickte, zog die Mundwinkel hoch, schritt rasch zu seinem Wagen, der in einer anderen

Ecke stand und machte Anstalten, ihn eilig aufzusperren. Da tippte ihn jemand von hinten auf die Schulter.

„Sagen Sie mal, der Chef schaltet wohl sein Handy im Urlaub ganz aus? Da sind nämlich so komische Rechnungen aufgetaucht. Vom vorletzten Jahr!", drang es an sein Ohr.

„Ich weiß", antwortete Feddersen, „und nein, ich weiß nicht, ob er sein Mobiltelefon ausschaltet", schob er schroff nach, stieg ein und schlug ihm die Fahrertür vor der Nase zu. Der Buchhalter klopfte daraufhin heftig an die Fensterscheibe.

„Herr Feddersen, was wissen Sie? Sagen Sie doch! Irgendetwas läuft hier falsch", schwadronierte er wild gestikulierend vor seinem Fenster weiter.

Da kurbelte Feddersen die Scheibe herunter und beugte sich aus dem Wagen.

„Schön, dass Sie da auch schon drauf gekommen sind", säuselte er, „stellen Sie ihn zur Rede, wenn er wieder kommt, ich muss jetzt los."

Er kurbelte das Fenster wieder nach oben und startete den Motor.

Am Kioskstand vor seinem Haus kaufte er eine Zeitung mit dem heutigen Deckblatt:

„Skifahrer in den Schweizer Bergen verunglückt".

Ein leichtes Lächeln huschte für eine Sekunde über sein Gesicht. Er zahlte und nickte dem Verkäufer zu.

„Schönen Tag noch."

„Ebenso. Schlimm nicht?"

Feddersen schaute der Verkäufer entgeistert an.

„Was?"

„Na, das mit dem Skiunfall!“

„Ach so, … ja ja!“

„Na finden Sie nicht? Da fährt man ahnungslos zum Skifahren und wacht im Krankenhaus wieder auf. Schön ist das nicht!“, schwatzte der Kioskverkäufer, während er das Geld nachzählte.

„Mir kommt der Name so bekannt vor. Ich weiß nicht, wo ich ihn hintun soll!“, quasselte er und schaute ihn nachdenklich an.

Feddersen zuckte mit den Schultern und wandte sich zum Gehen.

„Kannten Sie ihn nicht? War der nicht von der … na wie heißt sie noch … der … mir fällt jetzt der Name nicht ein … aber Sie wissen schon“, flötete er und trommelte mit seinen Fingern auf seiner rechten Wange herum.

„Na, das fällt Ihnen sicher noch ein, ich muss los, schönen Abend.“

Am Montag, als er zur Arbeit kam, standen Journalisten vor seiner Firma. Er sah sie schon aus der Ferne, als er von der Bushaltestelle um die Ecke bog.

„Das ging aber schnell!“, pfiff Feddersen.

Er marschierte an den Reportern vorbei direkt ins Büro und meldete sich bei Frau Sommer krank; sonst gar nicht seine Art. Inzwischen hatte Frau Sommer die Pressevertreter abgewiegelt.

Abends wanderte er wieder in den Keller. Da hörte er heftiges Klopfen an der Kellertür, hinter der er verschwand. Jetzt löste Feddersen die Handfesseln des am Boden liegenden Mannes, damit dieser essen konnte. Wobei ihn der Gefesselte grimmig anstarrte.

Als Anton die zweite Handfessel gelöst hatte, keifte dieser ihn an: „Von mir bekommen Sie keine Gehaltserhöhung! Darauf können Sie Gift nehmen!“

„Das ist aber ziemlich ungünstig für Sie!“, spottete Feddersen und schob ihm einen gefüllten Suppenteller hin.

Der Mann schaute ihn verwirrt an und runzelte die Stirn.

„Was soll das heißen?“, kläffte er.

„Nun, ich habe heute in der Zeitung gelesen, dass in den Schweizer Bergen ein Skifahrer verunglückt ist und heute Morgen standen viele Journalisten vor Ihrer Firma.“

„Sssie Idiot, verzapfen Sie nicht so eine Scheiße!“, brüllte ihn Herr Oberleitner mit errötetem Kopf an und wollte auf ihn losgehen, seine Fußfesseln hinderten ihn jedoch daran.

„Sachte, sachte! Beschädigen Sie meine antiken Fußschellen nicht! Das ist Qualitätsarbeit!“, grunzte Feddersen süffisant.

Oberleitner setzte sich abrupt wieder hin, lehnte sich an die Wand und schnaufte. Daraufhin schlenderte Feddersen zum Kellerfenster, prüfte mit dem Zeigefinger die Dichtung und schaute dem Regen zu. Dann drehte er sich um, tänzelte auf seinen Chef zu, legte lächelnd den Zeigefinger auf seine Wange, den Daumen unter sein Kinn und baute sich vor ihm auf.

„Nun … ich mache Ihnen ein Angebot. Sie befördern mich zum Abteilungsleiter mit vierzehntem Monatsgehalt, als Entschädigung für meine jahrelange Treue auf die Sie bisher geschissen haben!“, feixte Feddersen und spazierte wieder zum Fenster.

Draußen begann es jetzt stärker zu regnen und die Regentropfen prasselten gewaltig an das Kellerfenster, als wollten sie ihm zustimmen. Oberleitner starrte ihm bitterböse hinterher. Dabei presste er die Lippen zusammen. Feddersen ließ seinen Blick aus dem Fenster wieder zu Oberleitner gleiten und setzte gelangweilt nach.

„Oder ... ich verrate den Journalisten, was Sie wissen wollen: Steuerhinterziehung, Veruntreuung von Firmengeldern für Ihre schicke Villa und lauter so Sachen ... ich habe da so einiges gefunden."

Oberleitner wich Feddersen Blick aus und stierte unbewegt vor sich hin. Schweißtropen zeichneten sich langsam auf seine Stirn.

„Jetzt, wo Sie im Krankenhaus liegen nach Ihrem Skiunfall!", polterte Feddersen und setzte ein breites Grinsen auf.

„Das waren Sie!", zischte Herr Oberleitner und schnalzte mit der Zunge, wobei ihm Schaum vor den Mund trat.

„Nun ja, ich gebe zu, an mir ist ein Schriftsteller verloren gegangen, aber ich bevorzuge doch meinen ersten Vorschlag."

„Was ist, wenn ich nicht darauf eingehe? Murksen Sie mich dann ab?", raunte Oberleitner, dessen Kopf inzwischen knallrot war wie eine ungarische Paprika.

„Wie gesagt, die Türen der Justiz stehen ihnen jederzeit offen!"

Dann legte Feddersen eine bedeutungsvolle Pause ein.

„Denken Sie nicht nur an sich Herr Oberleitner! Denken Sie doch auch an ihre hübsche Frau, ihre entzückenden Kinder, das Prachtstück von Villa! ... Wollen Sie, das alles aufs Spiel setzen?", setzte er sein Gesäusel fort.

Oberleitner griff den Suppenteller und warf ihn nach ihm, wobei sich das Tellerinnere vollständig auf den Betonkellerboden ergoss.

„Nicht doch, nicht doch! Sie versauen meinen schönen Kellerboden! Oder schmeckt Ihnen die Suppe nicht? … Dieser Supermarkt hatte leider nichts anderes, Verzeihen Sie."

Oberleitner atmete geräuschvoll durch und räusperte sich. Feddersen, dem das nicht entging, sprang sofort auf ihn zu.

„Nur zu! Sprechen Sie mit mir! Das ist doch ein fantastisches Angebot! Tut gar nicht weh!", zwinkerte er ihm zu.

Sein Chef schnaufte. Dann knallte er die Faust auf den Boden.

„O.k. Abteilungsleiter, dreizehntes Monatsgehalt und eine Prämie. Jetzt nehmen Sie mir endlich diese verdammten Fußfesseln ab!", brüllte er Feddersen zu.

„Na, geht doch. Nichts leichter als das!", trällerte Feddersen, „so ein Dementi ist ja flugs geschrieben!"

„Ihre Zusage habe ich übrigens auf Band! … Sicherheitshalber", schmunzelte er und schaltete sein Diktiergerät aus, das er aus seiner Hosentasche zückte.

Dann spielte er mit den Fußfessel-Schlüsseln, hielt inne, kniete sich zu ihm herunter und sah ihm eindringlich in die Augen.

„Kein Wort zu niemand! Sie waren niemals hier und man hat sie eben erst aus dem Krankenhaus entlassen! … Also denken sie sich was aus! … Sonst hätte ich noch einen Korruptionsskandal im Angebot, den ein befreundeter Journalist gerne veröffentlichen möchte. Ich verfüge über Beziehungen! … Unterschätzen Sie mich nicht!"

Widerwillig nickte Oberleitner, immer noch schweißgebadet. Darauf richtete sich Feddersen auf und warf ihm die Schlüssel zu. Die Tür fiel knarrend ins Schloss, als er den Keller verließ.

Eine Woche später bezog er sein neues Büro und bekam eine eigene Sekretärin. Frau Sommer. Der Buchhalter wurde entlassen.

„Ich besitze Karten für die Oper heute Abend!", tirilierte Frau Sommer, als sie Feddersen den Morgenkaffee reichte, „falls Sie Lust hätten? Meine Mutter kann nicht, ihr geht's nicht gut!"

„Aber ja doch", lächelte Feddersen, strich über das Mahagonifurnier seines neuen Schreibtisches, legte die Füße darauf und nippte an seinem Kaffee.

Anmerkungen

Meine liebe Leserschaft, ich freue mich sehr, dass ihr/ Sie dieses Buch erworben habt/haben. Noch mehr freue ich mich über Kommentare auf meinem Blog: https://luziepan.wordpress.com; für Anregungen bin ich auch sehr dankbar.

Feedback kann auch direkt an luzie.pan@gmx.de geschickt werden, oder über Facebook, Instagram, LinkedIn oder Twitter, mit dem Hinweis auf mein Buch.

Neben dem vorliegendem Buch „Krimi-Kurzgeschichten“ welche teils einzeln in den unten genannten Kurzgeschichten-E-Books der Erstveröffentlichungsreihe von 2015 erschienen sind, gibt es daneben auch noch folgende zwei „Sparten-E-Books“ die auch in der Gesamt-Ausgabe: „Kurzgeschichten-Sammlung“ und „Kurzgeschichten-Potpourri“enthalten sind:

1. „Drama-Kurzgeschichten“
2. „Humor-Tragik-Romantik-Fantastik-Kurzgeschichten“

Diese sind bei den gängigen E-Book-Händlern erhältlich und erscheinen auch noch als Print-Ausgabe. Aktuelles über die genauen Veröffentlichungsdaten auf dem Blog: https://luziepan.wordpress.com

Kurzgeschichtenreihe

Die einzelnen Kurzgeschichten sind 2014/2015 als teils einzelne E-Books erschienen und jetzt als 2. überarbeitete Neuauflage als E-Books mit den gleichen in diesem Buch abgebildeten Cover und außerdem in den oben erwähnten Bundles erhältlich.

1. Gestrandete Existenzen (Erzählexperiment)
2. Zu viel Licht (Fantastik)
3. Lächeln gegen den Wind, Markus hat Glück, Spätberufen (Humor Tragik)
4. Unfall mit Folgen, Das passende Kleid, Zug ins neue Leben (Romantik)
5. Barbier von Neukölln (Krimi)
6. Weiße Weste (Krimi)
7. Leichen im Keller (Krimi)
8. Urlaub mit Hindernissen (Krimi)
9. Alles für die Ehre, Reise nach Istanbul (Drama)
10. Antonio sucht sein Glück, Giuseppes sizilianische Welt (Drama)
11. Taube Finger fühlen im Kopf (Drama)
12. Heimat (Drama)

Hinweise zur Entstehung meiner Kurzgeschichten

Meine Geschichten sind rein fiktiv. Allerdings sind sie inhaltlich teilweise von der Realität inspiriert. Wobei diese modifiziert fiktionalisiert wurde und somit in Literaturform der Kunstfreiheit unterliegt. Personennamen sind rein zufällig. Ähnlichkeiten bezüglich des Persönlichkeitsschutzrechtes sind nicht beabsichtigt. Irgendwelche Namen müssen die Figuren ja tragen. Außerdem werden inhaltliche Darstellungen oft bewusst übertrieben. Sofern dabei Klischees bedient werden, ist dass der Dramaturgie geschuldet und wurde als erzählerisches Stilmittel eingesetzt, um den Plot dramaturgisch auf die Spitze zu treiben und nicht, um zu verallgemeinern. Die Absicht meiner Geschichte ist allein: wertfrei, unterhaltsam und spannend Themen aufzugreifen, zum Nachdenken anzuregen, aber auch die Lachmuskeln zu bemühen, wobei ich mich mitunter auch der Kunstfreiheit der Satire bediene.

Steckbrief der Autorin

Luzie Pan wurde 1971 in Oberbayern geboren, ist eine „mährisch-böhmische Mischung" und teilweise in Oberösterreich aufgewachsen, hat verschiedene Länder bereist und an unterschiedlichsten Teilen Deutschlands und längere Zeit im Ausland (Italien, Sizilien, Litauen, Tirol) gelebt. Sie hat Verlagsherstellung (Buch,- und Medienproduktion) studiert, ist Diplom-Ingenieurin (FH), hat eine Drehbuch,- und Dramaturgie-Ausbildung, ein drei-jähriges Belletristik-Fernstudium absolviert, einen Kurzfilm produziert und ist seit 2011 als freie Autorin in Berlin tätig und im Verband deutscher Schriftstellerinnen und Schriftsteller. Sie spricht deutsch und italienisch in unterschiedlichen Dialektfärbungen und englisch. Sie betreibt den Blog: https://luziepan.wordpress.com, auf dem u.a. Leseproben und Audioleseproben ihrer Geschichten verfügbar sind, welche kommentiert werden können und außerdem den Roman-Blog: https://schmecktnachmeehr.com.